Círculo Rojo

CONFIDENCIAS

CONFIDENCIAS

Cristina Martínez Davó

Círculo Rojo
EDITORIAL

Primera edición: enero 2023

Depósito legal: AL 2301-2023
ISBN: 978-84-1189-868-3

Impresión y encuadernación: Editorial Círculo Rojo

© Del texto: Cristina Martínez Davó
© Maquetación y diseño: Equipo de Editorial Círculo Rojo

Editorial Círculo Rojo
www.editorialcirculorojo.com
info@editorialcirculorojo.com

Impreso en España - Printed in Spain

El papel utilizado para imprimir este libro es 100% libre de cloro y por tanto, **ecológico**.

La casa mágica II

Un mundo mágico. La noche y el día. Sí, pensamientos, pensamientos, y más pensamientos.

La oscuridad de la noche.

Pero llego el día. El día es, a la luz, positividad.

No obstante, la luna vela tu oscuridad y sus estrellas.

Como puedes ver, todo gira alrededor del mayor viaje que puedas llegar a hacer.

El viaje de tu vida.

Dime, ¿qué camino deseas tomar? Imagino que él te conduzca; o sea, tomarás el pensamiento positivo.

El que te hará hallar la plenitud. Pero déjame decirte que no has de olvidar que los caminos se encuentran en tu mente.

Brilla y conéctate con el universo infinito. O sea, Dios. Luz divina.

Emoción, dicha, satisfacción de ver publicado mi libro. *La casa mágica*.

Alegría.

Me estremezco de pensar que voy a poder ayudar a muchas personas, con mis palabras, que emanan de mi corazón, pues son muchas las personas que lo han comprado.

Cierro los ojos, y le doy gracias a él, a DIOS.

Me envuelve los ángeles de la alegría y de la felicidad, y el de la dicha. Y me lleno de él, y a la vez, él está en mí.

La omnipotencia. Dios.

Y el mar, con su manto azul, acaricia la orilla al atardecer. Y en el horizonte, donde confluyen cielo y mar, se pierde mi mirada, y camino por todo su litoral, descalza, entre marcas y huellas en la arena.

A malas penas, mojan las olas del mar mis pies.

Paseando a la vera de un mar calmado.

¿Cuántas veces habremos paseado?

Toda esta infinidad de huellas marcadas en su arena lo constatan.

Al igual que la arena está repleta de caminos recorridos, así es en nuestra mente.

Caminos que llevan a muchos sitios y otros que no llevan a ninguna parte.

Caminos, caminos, caminos y más caminos.

Y como un río a su mar, así nosotros a Dios, todo en sintonía.

A lo lejos se aprecian montañas.

Si dirijo mi mirada más allá de la playa, se divisan.

Y así se componen los caminos, con dificultad para ascender o llanas sendas para avanzar.

Siempre que se dirijan en dirección a Dios, han de ser positivas todas y cada una de las vías que tomemos.

Pues así te llevaran a él, al gozo de la vida.

Y si alguien intenta disuadirte, piensa que él está en un camino equivocado.

Así no te confundirás.

Preservarás tu integridad y a la vez tu felicidad, y a la vez, estarás con Dios.

Con la brisa del mar, continúo mi paseo por la playa, bajo un atardecer y su puesta de sol.

Una estela brillante de luz, desde el horizonte hasta la orilla, sugiriendo que he de seguir la luz en mi andadura por la vida.

Ese es nuestro propósito. Y así nos encontraremos con nosotros mismos.

Como cascada de agua, fluyo. No es sugerente nuestro entorno. Como la vida misma.

Fluye y deja correr tu energía.

Como los ríos de agua fresca y limpia, tu energía no se detendrá y así, disfrutarás de salud en todos los aspectos.

Viaje por la vida.

Muy despacio, veo como pasan todas y cada una de las secuencias acontecidas, a lo largo de mi vida, y muy despacio van sucediendo, a medida que voy aproximándome a cada una de ellas. A la vez que se van, muy despacio, alejando.

Están las experiencias que despiertan sensibilidad en mí. Sí, en mi corazón.

Como, por ejemplo, el hecho de amar.

Porque es hermoso amar de verdad, con el corazón.

Le da sentido a la vida y es el amor.

Soy libre como el vuelo de las aves...

Me siento muy alagada por poder contar con los lectores de *La casa mágica*.

Por ello he decidido iniciar mi escritura de nuevo, y así realizar la segunda edición.

Espero de todo corazón que les guste y que tenga tanta aceptación como la primera parte.

Confianza, es lo que siento. Gran confianza, y una autoestima muy elevada, a la vez que me envuelve una gran paz interior por haber logrado esta tarde recibir y visualizar mi libro, *La casa mágica*, en físico.

Es hermoso ver logrado mi proyecto. Es una gran satisfacción. Pero me gustaría saber de alguna persona que lo haya leído.

Cómo se ha sentido y qué ha experimentado.

Imagino que tiempo al tiempo.

Hace poco que se publicó.

En concreto, el treinta de julio de dos mil veintiuno.

Les cuento que a veces me considero un experimento científico.

Es por ello que cuento cómo me siento.

Que, como he dicho anteriormente, me siento con una autoestima muy reforzada, a la vez que con mucha paz.

También siento que he de tener paciencia para que me diga algún lector o alguna lectora qué le ha parecido mi obra, *La casa mágica*.

Cuantos más lectores, mejor.

Y ¡cómo no lo voy a decir! Estoy apasionada de la vida. ¡Aleluya!

Un abrazo para todos los que me siguen

¡Buenas noches! Quiero decirles que, como siempre, escribo con el corazón y, ¡cómo no!

Si no, con su música, la de Enya, la cual da rienda suelta, a mis palabras, a ese sentimiento de amor.

Decirles que soy muy feliz, pues acabo de recibir un primer comentario sobre La casa mágica de la mano de una conocida, que me ha dicho que le está gustando mucho leer mi obra.

Prosigo: me alegra tanto, y tanto más me alegraría, el poder ayudar a cuantas más personas mejor.

Porque para ello está creado.

Pienso que mi libro puede ayudar a que las diferencias cesen.

Ya que, al concebir que lo más valioso y necesario es tu estado de armonía, ese estado tan puro, entonces...

Estoy deseando poder hacer realidad mi sueño. Cuantas más personas lo lean, mejor.

Y que se conciencien de nuestra gran verdad...

Gracias a Exlibric, que está promocionando al máximo *La casa mágica*.

¡Que haga mucho bien en el mundo!

Decirles que yo solo soy un mero instrumento de Dios para intentar ayudar a que haya paz, y con mi alegría y mi dicha me dispongo a escribir, palabras y más palabras, que deseo lleguen al corazón de todas las personas del mundo.

Reflexiones: decirles que estamos aquí en el planeta tierra, y como medio, para ello, disponemos de nuestro cuerpo físico.

Pero me atrevería a decir que nuestra energía es inmensa.

¿No les ha parecido, a veces, tener la sensación de sentir estar en otra parte sin estar ahí físicamente? Pues sí, así es.

¡Volvámonos más unidos!

Hagamos de nuestra guía la del corazón, para que las personas que sufren no se sientan solas y se sientan fuertes.

¡No estás sola/solo!

El Señor, nuestro Dios, esté con todos nosotros y todas nosotras.

Seamos todas y todos un solo ser.

A medida que voy registrando con palabras las páginas de este manuscrito, en *La casa mágica II* diré que el corazón es camino del esplendor, iluminación de estrellas, costelaciones y universo.

Y mi anotación para el día de hoy, sobre la opinión de mi vecina, sobre su lectura de *La casa mágica* es que, al hablarme sobre mi obra, dice que su lectura le pone el bello de punta.

A cien por hora se me pone a mí el corazón al oír mencionar tan formidable opinión.

Son maravillosas palabras para mí.

Me alaga poder escuchar lo que puede llegar a experimentar una persona al leerlo.

Es por ello que he decidido ponerme a escribir de nuevo, y con más razón aun, *La casa mágica II*.

Espero, volver a entusiasmar a las lectoras y lectores.

Ese es mi propósito.

Con todo el placer, Cristina, para ustedes.

Empiezo así:

¡Señor! Te ruego que me ilumines para que todos comprendan mis palabras.

Dame luz, si es tu voluntad, para que dé a conocer la gran misericordia que derramaste sobre mí.

El gran amor que me diste y me das, y nos das continuamente a todas y cada una de las personas, que componen la faz de la tierra.

Porque «Tú eres luz del mundo, del universo».

Y nosotras y nosotros, tus hijas e hijos, seres hechos a tu imagen y semejanza, y, por ello, seres de luz.

De los cuales cuidas, siempre y en cada uno de los momentos de nuestras vidas, sin dejarnos de tu mano.

De tu gran poder el más grande. Infinito.

Con esta palabra lo defino. ¡INFINITO! ¡Y VUELVO A DECIR INFINITO!

¡Y canto con alegría! ¡Dios es amor! ¡La Biblia lo dice!, ¡Dios es amor!

¡San Pablo lo repite! ¡Dios es amor! ¡ Búscalo y verás!

¡En el capítulo cuatro, versículo ocho, primera adecua!

¡ALELUYA! ¡ALE! ¡ALE! ¡ALELUUUUUYA!

Porque estoy contenta, y es para estarlo y cantarlo.

Cantarle al Señor, nuestro Dios.

Yo hoy quiero decir que doy fe de mí, de mi fe en él, en Dios.

Salvó mi alma de una gran catástrofe, la peor.

Con una experiencia que voy a contar lo comprenderán.

Y les digo con ello que mi despreocupación, mi confianza, mi convencimiento de que no iba a permitir que me sucediera nada.

De que no me iba a pasar nada.

Me salvó de toda mi destrucción.

De todo cuanto me hubiera podido suceder en aquel instante.

¡Quiero repetir que mi fe en Dios me salvó!

¡Alabado sea el Señor!

¡Y gracias, muchas gracias, Dios mío!

Siempre te estaré agradecida.

Si es tu voluntad, permite que mis palabras puedan, relaten, para que todas las personas que componemos el mundo sepan cuánto bien hiciste en mí.

Y no me cansaré jamás de agradecer a la infinita misericordia del Señor para conmigo y, como no, para con todas nosotras y todos nosotros.

Quiero aclarar que en este caso que les estoy contando hablo de mí, y añadiré que es para estar rezándole toda una vida, toda una eternidad, en agradecimiento.

Me salvó, me salvó de una gran barbaridad, de acoger en mi corazón sentimientos no precisamente de amor, por desgracia.

Y es que, les explico: me equivoqué.

No soy perfecta y una vez albergué rencor en mi corazón.

Y el corazón ha de permanecer en amor.

Eso fue lo que comprendí de esta experiencia, para nada grata, pero que me hizo comprender y me dio el conocimiento al instante de que, si tenemos fe en Dios, Él nos socorrerá e irá en nuestro auxilio, y nos salvará de toda equivocación.

Y así, es como inmediatamente desapareció todo, y con ello pude salvarme de esa atroz experiencia.

¿No es para estar dando gracias siempre y en todo momento?

Por todo, al menos en mi caso.

Pero quiero que sepan que le pregunté al Señor que por qué dejó que yo pasara por esa experiencia tan desagradable.

Y comprendí que la atraje yo sin darme cuenta.

También pude comprender, gracias a un programa de Radio María, que el Señor nos pone a prueba, y eso fue lo que sucedió.

Por esto, quiero dar a conocer mi caso, mi experiencia, a las personas que la lean.

¡Ojalá que una multitud! Contribuir en lo que pueda a ayudar a que sepan y conozcan que la fe, como lo dice el refrán, mueve montañas.

Quiero añadir que no hemos de olvidar a la Virgen, intermediaria e intercesora nuestra ante Dios nuestro Señor.

Ella tiene un gran poder para pedir por todas y todos, por cada uno de nosotros.

En salud mental, recuerdo que lo diagnosticaron como brote psicótico.

Esa experiencia no es grata.

(correspondería, en medicina, a mi segundo brote psicótico).

Pregunto. ¿No es algo muy dispar?

Tan solo añadiré que existen el bien y el mal, desafortunadamente.

Les he ido contando y narrando la manera y forma de cómo he ido avanzando a lo largo de mi obra *La casa mágica*, mi primer manuscrito, hasta hallar mi armonía.

Pues bien, he decidido seguir hablándoles de mí, de cómo me encuentro.

Porque puede servir para contribuir a la humanidad y para avanzar en la ciencia.

Creo que deberían trabajar unidas la parte espiritual y la salud mental.

Definirían mucho mejor el problema a tratar.

O sea, un diagnóstico sería más exhaustivo.

Y con ello me traslado al año 1975, para que me comprendan y entiendan mucho mejor.

Ocurrió así:

En la guardería, en tiempos del setenta y cinco.

En aquel entonces, se pegaba en la palma de la mano con la regla si, supuestamente, te portabas mal.

Esa era la apreciación de la maestra.

Le aconteció tal circunstancia a Cristina, como a muchas niñas de su edad, a la que le propinaron un varazo en la palma de su manecita, cuando tan solo tenía cuatro años.

Es decir, aún estaba en la guardería.

Su profesora se llama Asún, y ella fue quien hizo tal crueldad, porque, señoras y señores, piénsenlo: ¿Qué maldad podría llegar a tener una niña de tan solo cuatro años?

Y es que todavía o mejor aún, mejor dicho, aún se acuerda. ¡Qué memoria la de esa niña llamada Cristina! ¿Verdad?

Que, valga la redundancia, su nombre es el femenino de Cristo.

Y dicho esto, a modo aclaratorio, les relato que a sus cincuenta y un años, en una conversación telefónica habitual con su madre, como de costumbre, pues con ella habla todos los días con ella, surgió el tema de contárselo, y le dijo: «Mamá, ¿a que tú no sabías que a mí, de pequeñita, en la guardería de la calle Reina Victoria, en Elche, la maestra Asún me propinó un varazo con la regla porque le oyó decir a mi compañera o más bien amiguita de pupitre que el Señor Jesús es muy bueno? Y no solo eso, sino que también me castigó con subir a la planta de arriba con los mayores.

Impresionantes aquellos tiempos, en los que no se conocía a las niñas o los niños, ni se tenía en cuenta que son libres de pensamiento y que por ello viajan con su mente.

Pues bien, resulta que antiguamente, en las aulas, había en la pared de todas y cada una de ellas un crucifijo con un Cristo.

Y ella, a aquella niña llamada Cristina, le llamó mucho la atención decirle a su compañera que Jesús era muy bueno.

Apreciación de una niña de cuatro años, como ya dije ....

Eso fue lo que le sucedió a Cristina, que desde bien pequeña sintió devoción y amor por Jesús, y ya hablaba de él a su alrededor.

Actualmente, a la edad de cincuenta y uno años, escribe sobre él y ya tiene publicado un libro, *La casa mágica*, y está también escribiendo *La casa mágica II*.

Y es que siempre ha vivido su amor por él hasta el punto de manifestar su amor por el mundo, por doquier.

Es decir, que Cristina se dejaba caer rodilla en tierra, sin importarle el daño ocasionado en ellas.

Pues era una forma de flagelación.

De manifestar su adoración por él, por Jesús.

Ocurrió así en el año dos mil nueve, año en el que fue hospitalizada equivocadamente, porque se pensó que ella estaba enferma, y era que todavía Cristina no sabía que en esta sociedad todo está controlado y no podía seguir siendo libre de pensamiento, como de pequeña y así manifestar su amor, como ella quería y por donde ella quería.

Pues, si era así, ya se pueden imaginar por lo que la tomaban. No hace falta que lo diga...

Actualmente, Cristina sigue amando a Dios, más que nunca, pero dio prueba a todos de que la mentalidad de las personas, y más aún la de los médicos, ha de evolucionar muchísimo. Y hay que estar seguro de un diagnóstico a la hora de evaluar a una persona.

Porque puede que en lugar de que esté desequilibrada una persona, se trate, como en el caso de Cristina, de espiritualidad religiosa, mística, y hubiera bastado con explicarle que debía manifestar su amor por Jesús de manera más reservada y cuidada y que, si no, tendría consecuencias en la sociedad, como las que tuvo.

Quiero añadir que mi madre, en esa conversación telefónica, mencionada anteriormente, me dijo: «¡Hija! ¡Cómo no me lo contaste antes!». A lo que yo le contesté: «Lo cuento ahora que me es posible. Gracias, mamá».

Mis diagnósticos, siempre fueron iguales: brote psicótico.

Tanto en dos mil nueve como en dos mil dieciocho.

Siempre según medicina de salud mental.

Y bajo mi punto de vista y experiencia, cada situación es distinta, y no se parecen en nada la experiencia del año dos mil nueve y la de dos mil dieciocho.

Pero me atrevo a decir y asegurar que no volveré a tener ninguna experiencia más así.

Puesto, que yo ya encontré mi armonía, encontré a Dios.

De las experiencias de esos dos años, que, como ya he mencionado, son distintas, ya hablaré más adelante.

De lo que sí quiero hablar es de que quiero que sepan, bajo mi experiencia, que pude comprobar que el mal intenta infiltrarse cuando surge un problema mental camuflándose como enfermedad mental en la actualidad.

Pero esa no es la solución al problema de salud.

Ya que los fármacos anulan tu mente y no se consigue nada.

La solución está en la fe en Dios.

¡Pues bien! Vuelvo a decir: ¡Aleluya! Porque yo encontré mi fe y la ayuda que necesitaba de Dios, para curar todo cuanto acontecía en mi vida.

En este capítulo les diré, como dije en mi primera obra, La casa mágica, cómo alcancé la independencia y mi libertad.

Pero en cuestión de pareja ha de transformarse y unificarse.

Pues el tiempo ha variado nuestra relación.

En estos momentos me encuentro viviendo con Rosa, pero distante, ya que he cambiado mucho, o, mejor aún, ahora soy más madura, y claro, yo ya no soy la misma que era

Antes, con mi inmadurez, era más niña. Ahora soy una mujer. Gracias a Dios. Por fin.

Y claro, con mi nueva psique, tendríamos que volver a empezar.

Comenzar una nueva etapa. Como, por ejemplo, estaría bien que nos sintiéramos atraídas por nuestra manera de ser o pensar.

Yo estoy tranquila, pues nunca se sabe. Si ha de ser, será, y si no...

¿Saben? No hay nada para siempre. Y no es que nuestra manera de ser, la de cada una, no nos agrade, pero como ahora soy distinta.

¿Me comprenden? No estaría para nada mal comenzar con una bonita relación de amistad.

Pero bueno, yo crecí emocionalmente gracias a ella, y por ello me encuentro ahora donde estoy, llevando a cabo todo con normalidad.

Me refiero a mi vida, en todos los sentidos, pero más aún en el ámbito de ayudarla, porque ahora puedo, como puede ser para tramitar gestiones para que ella..., ¡Vamos! Ayudarla en todos los sentidos.

Lo que se siembra, se recoge. Y ella ha sembrado bueno, por lo tanto recoge y recogerá bueno.

Sí, he de decirles que hay sentimientos de mucha empatía, y eso es lo que importa.

Yo he de decir que soy positiva y que estoy totalmente preparada para lo que venga de la mano del universo.

Es más, ahora mismo tengo en mente otros menesteres también.

Como, por ejemplo, mis estudios, y quizás hasta pueda volver a reanudar mi vida laboral en el campo dela seguridad. Más concretamente, ocupando un puesto en un control de accesos.

Todo se andará y el destino dirá.

ELLA Y YO

Capítulo 1

Son las tres de la madrugada, y algunos minutos más. Y aquí estoy junto a *Storms in África* de Enya.

Mi portátil y una funda de gafas a la vista —son las que llevo en estos momentos para escribir y son de cerca—, objetos que se pueden encontrar sobre mi mesa, en la que escribo ahora mismo, y en la que a veces también realizo mis estudios superiores.

Mi mousse y alguna que otra carpeta más, junto con mi portafolio, de una de las diez asignaturas de mi grado en Relaciones Laborales y Recursos Humanos (Graduado Social), que cursé en primero de carrera.

Ella duerme, mientras que yo hace como una media hora que me desperté y me levanté para estudiar la mencionada asignatura, con el fin de preparármela para la convocatoria de septiembre, en concreto, para el día cuatro —curso 2020-2021—, ya que no me pude presentar al examen de junio por no disponer de los medios económicos suficientes. Y es que he de decir que he elegido realizar unos estudios un tanto lejos de mi alcance, al menos en estos instantes de mi vida. Lo digo porque son caros. Y eso que para mí la matrícula es gratuita por mi condición de pensionista, pues así se contempla en los requisitos. ¡Toda una ventaja! He de decir que, con ello, me he ahorrado una gran cantidad de dinero, pero, claro, no solo se trata de ese gasto, sino que hay más: transporte, material... e internet, porque el primer curso de Grado de Relaciones Laborales y Recursos Humanos lo realice online. Tan solo efectué los exámenes en modo presencial.

Me dispongo a apagar el aire acondicionado, pues ya está lo suficiente aclimatada la habitación, y no quiero tampoco molestarla en su sueño. No obstante, me apresuro a aproximarle la sábana y arroparla, al mismo tiempo que le froto con mi mano su espalda y le doy un beso en la frente. Yo, por otra parte, ya acomodada en mi silla, sigo escribiendo, aunque he de decir que me apetece un cigarrillo y en breve me lo fumaré.

Mientras inhalo mi cigarrillo en el balcón, el aire de la brisa del mar contrarresta los efectos del humo en mis pulmones, tonificándolos con el aire sano y fresco de la madrugada, ya que en el balcón, donde me encuentro, corre bastante el aire al estar próximo a la costa; al tiempo que ronda por mi mente tomar la decisión de tumbarme y dormir, pues ya me va venciendo el sueño. Además, mañana recibo visita familiar y he de estar ok. Pero me gusta tanto escribir que me cuesta dejar de hacerlo. Aun así, me dispongo a apagar la música descargada en mi teléfono móvil y quitarme los auriculares de mis orejas, y decido quedarme escuchando un instante el silencio que envuelve la noche. Ya abatida, decido descansar y posponer mis estudios para más temprano, para antes de que amanezca... si logro despertarme.

Capítulo 2

Madrugada del día tres de septiembre de dos mil veintiuno. Son las seis de la mañana y me dispongo a desayunar. Un zumo de pomelo y un café cortado. Seguidamente me decido a hacer bicicleta estática, unos veinte minutos. Me encuentro bastante fuerte mentalmente, pues resisto bien los veinte minutos y siento que puedo más. Pero al no haber puesto anteriormente el aire acondicionado y sudar exageradamente, la incomodidad me hace parar de pedalear y frustra mi idea alcanzar mi meta de veinte minutos. Así que me voy a darme una ducha. El agua fría en la mañana me sienta bien, me tonifica, a la vez que me refresca y despierta, y también me activa. Voy a dar un salto olímpico. Es decir, voy a especificar que he decidido hablar de mí. De mi día a día. Porque me considero un caso único y excepcional en cuanto a mi situación emocional, y así puede que pueda aportar algo a la sociedad, o mi granito de arena a la ciencia o algún dato relevante para su avance gracias a mi experiencia.

Capítulo 3

He de decir que no me paré para estudiar al final en la madrugada, pues recordaba de otras veces el temario, y tampoco me dio tiempo, pues me entretuve en otras cosas más superfluas. Y es que he de decir que crear el hábito de estudiar cuesta, y es fácil distraerse en otros menesteres.

Me refiero a aprender a planificarme para cumplir un horario. Pero también es cierto que cada vez me siento más centrada. Pero de ello hablaré más tarde. Ahora, de lo que quiero hablar es de cómo se me dio el día del examen.

Me apresuro en vestirme y decido ir a la universidad. Así que me bajé toda apresurada a la parada de la guagua, hacia la estación de autobuses, para subirme al autobús con dirección a Elche. Una vez allí, en la universidad, estuve haciendo tiempo, puesto que el examen, según tenía conocimiento, era a las doce horas. Aproximándome a esa hora me encuentro con la profesora, le saludo y le digo: «He venido a realizar el examen». A lo que ella me contesta toda seria: «El examen fue a las diez». Me eché las manos a la cabeza, toda asombrada, diciéndole que no tenía conocimiento de ello y que probablemente me debía haber confundido a la hora de reservar pupitre. La profesora, mientras me hablaba, caminaba y se aproximaba a la escalera, para ir bajando y alejarse de mí, tras contestar toda seria. Al tiempo que yo permanecía en mi lugar, viendo cómo se alejaba su imagen. A los minutos, toda estupefacta, decido bajar yo también la escalera para salir del edificio Altea y del campus y dirigirme nuevamente a la estación de autobuses para iniciar el regreso a casa, no sin telefonear a Rosa y contárselo. Ella, al saber la noticia, también se sorprendió y mostró pena.

Capítulo 4

Quisiera añadir que he descubierto que el camino de la positividad me sosiega y me conduce a la consecución de mis metas. Lo digo por todo en general, pero me refiero más aún a mi relación con Rosa, pues con ella encontré el camino hacia la positividad, y mi mente se reeducó, así me lo ha hecho comprender la vida. Tengo que dar a Rosa las gracias de que me haga compañía, pues Tamarit está quedándose totalmente desolado. Las vacaciones finalizaron para muchos veraneantes y casi no hay gente aquí en Santa Pola. Bueno, pues menos mal que he llegado a esta deducción, que, como ya he dicho, me da paz y además me permite continuar mi camino para así no detenerme. Así que, una vez asumida esta apreciación, me dispongo a presentarme al examen de la asignatura de Derecho Mercantil y Concursal. Mañana, de diez a doce.

Capítulo 5

He de decir que me siento muy bien. Empezaré por hablar de por qué me siento tan estupendamente bien. ¡Vamos! ¡Genial! Pues porque a raíz de una conversación con una conocida de Tamarit he podido comprender que a mí también me había afectado el confinamiento, y de qué forma. Pues, si medito sobre ello, compruebo que mi ánimo no permanecía de manera constante, o sea alto, ni tampoco resurgía esa energía que me caracteriza. Con lo cual no podía llevar a cabo el deporte, algo que siempre me ha entusiasmado y que siempre he practicado, pero desde el confinamiento me he tenido que motivar. Pero ha sido, como bien ha mencionado ella, mi conocida, de forma progresiva, muy poco a poco. Por ejemplo, en mi caso, empecé a disfrutar de mi estado animoso comenzando a salir de casa. Algo que también he tenido que trabajar. Y sin querer, he puesto el termómetro a la gente de mi alrededor y he podido comprobar que todos estamos así. Sin casi disfrutar del verano. En nuestro caso, ahora es cuando empezamos a ir a la playa. ¡Vamos, que nos poníamos cárceles nosotros mismos!, con impedimentos, tales como este: «No voy a la piscina porque hay mucha gente», por decir un ejemplo.

Creo que, si no es por la vacuna, que nos ha hecho sentir más seguros de nosotros mismos, no nos hubiéramos animado. Lo que quiero decir es que esta tarde he salido a correr, y es mi segunda vez. La primera fue el lunes y la segunda hoy. Y cada vez mejor.

Capítulo 6

Una fragancia maravillosa envuelve la casa, y no es aroma a romero ni hierbabuena, ni ninguna otra ramita de las que ofrece Rosa a la Virgen de las Desamparados; que, junto con un ángel y el nacimiento del niño Jesús, descansa sobre un pedestal. Esa fragancia me envuelve. Estoy percibiendo sensaciones maravillosas. Por ejemplo: la apreciación de la integridad cuando recibo buenas noticias de todas las personas que han leído *La casa mágica*, como que les ha gustado o encantado mucho, y dedicatorias maravillosas. Bienestar a mi alrededor, especialmente indescriptible. El haberla presentado en el registro del ayuntamiento de Santa Pola para enviarla al registro del Ministerio de Cultura y Deporte para optar al Premio Cervantes, que se celebra el dieciséis de noviembre, me está haciendo enloquecer de felicidad. Doy gracias a Dios y a la Virgen.

Capítulo 7

La empatía y el disfrute de todo cuanto me rodea son algo maravilloso. Sobre todo, entre nosotras. Mucha empatía entre todo el mundo, y también entre Rosa y yo. Pero, cuando me refiero a todo el mundo, he de matizar, ya que en la zona donde vivo, al saber que tengo diagnosticada la enfermedad de esquizofrenia paranoide, algunas personas muestran desconfianza para conmigo. Y es lógica su actitud. De esto quiero hablar precisamente, y quiero decir que no me parece apropiada la información que se divulga en los informativos televisivos sobre la enfermedad de la esquizofrenia. Me refiero a que los medios de información solo hablan de sucesos no agradables. Las personas con este diagnóstico, como yo, también realizamos funciones buenas, como es mi caso, ya que ahora estoy escribiendo. Y más cosas, pues estudio en la universidad Miguel Hernández el Grado en Relaciones Laborales y Recursos Humanos. Pero, a donde quiero llegar es a que se le dé más importancia a la parte positiva para que las personas como yo nos sintamos integradas en la sociedad. Los medios informativos han de informar de las buenas facetas de la persona, no solo de los accidentes ocasionados. También aprovecho para decir a toda persona con este diagnóstico que use su conciencia a la hora de evaluar su comportamiento, porque se pueden evitar los accidentes.

Esta sociedad está computarizada. Somos robots que seguimos un curso, y es el siguiente: los medios informativos retrasmiten sucesos nefastos; acto seguido, la sociedad nos aísla y nosotros nos deprimimos, y así no le falta trabajo al psiquiatra. Es el pez que se muerde la cola. Todo es un negocio. Se ceban con personas enfermitas. En mi caso, para no caer en la depresión, me mantengo ocupada y procuro tener vida propia.

Quiero volver a hablar de mi libro *La casa mágica*, el cual me da muchas satisfacciones, ya que recibo cada día felicitaciones y enhorabuenas por ello. Es todo un éxito. Solo le falta más difusión y propaganda, aunque su nivel de audiencia es cada vez mayor. Retomando el tema de *La casa mágica*, mi obra, y yo, su autora, porque tengo la condición de autora, quiero decir que sigo vendiendo libros, y además hay personas que están interesadas en seguir mis pasos. Es decir, que me piden que les ponga al corriente de todo lo que vaya haciendo y realizando, y hasta me preguntan cuándo se publicará el próximo libro. Y eso, para mí, es toda una satisfacción.

Quiero añadir que no he dado todo lo que puedo llegar a dar de mí en los estudios ya que me mantuvo ocupada mi obra, *La casa mágica*, y sé y soy consciente de que, dedicándole tiempo, es posible aprobar, y con nota, pues la universidad requiere mucho tiempo y dedicación. Por ello digo que es posible aprobar. Añado que he tenido dudas de si seguir o no, porque el segundo curso es presencial y al no tener vehículo, pues... Pero, al final realizaré la instancia para solicitar mi readmisión tal, y cómo me han indicado en el CEGECA (Centro de Gestiones del Campus) de la Universidad Miguel Hernández de Elche, he de especificar que anulé voluntariamente la matrícula y por ello tengo que escribir una instancia a la Facultad de Ciencias Sociales y Jurídicas de Elche exponiendo mi caso al

Vicerrectorado. He de decir que soy una excepción, al menos eso creo. ¡Ojalá que personitas con esquizofrenia paranoide consigan su realización y anteponer su corazón a todo! Yo los animo, pero no puede ser de otra forma que con la ayuda de Dios. Así es como he conseguido mi armonía y estar en paz. Y con armonía se consiguen muchos sueños y retos, como pudo ser la consecución de mi obra *La casa mágica*.

Que yo sé que es una gota. Pero de un tamaño más grande del que aparenta. Pues, *La casa mágica* está escrita para ayudar a las personas. Y ello me colma de satisfacción y me enriquece de bienestar. ¡Vivan los valores! Siempre hay que perseguir sueños, y yo tengo muchos que cumplir. Por ejemplo, graduarme, pintar con oleos y aprender a tocar un instrumento. No nos olvidemos de Rosa, que ha hecho por mí mucho, y sigue haciéndolo, estando a mi lado y compartiendo su tiempo conmigo.

Soy muy realista, y me doy cuenta de la situación en la que nos encontramos después de la fama que tenemos. Y he de especificar, que cada persona es un mundo.

Hablando de todo un poco, me encanta leer. Estoy ahora mismo leyendo *Un viaje a la plenitud*, de Juan Antonio Marcos, y he de decir que es precioso.

Volviendo al tema de mis estudios, una de las asignaturas de mi grado es contabilidad, y es precisamente la asignatura de primero que más me gusta, puesto que me encanta hacer cuentas. Y he de decir que estoy deseando estudiarla para la convocatoria de diciembre. En fin, solo queda decirles que hoy ha sido un día agitado en cuanto a escribir y hacer vida social. Y ello me satisface.

Quiero añadir que la comprensión y la actitud para conmigo en el barrio de las personas que viven a mi alrededor ha sido satisfactoria. Porque, si comprendemos que son seres atemorizados por los medios de comunicación, ello nos mantendrá alejados de la negatividad y, por el contrario, nos reportará una gran comprensión. A esa conjetura he llegado hoy, después de mucho tiempo, sin comprender qué les estaba sucediendo. Porque su comportamiento para conmigo era de desconfianza. Por ejemplo, un día me saludaban unos vecinos, pero otros no. Ahora lo llevo mejor. Es muy reconfortante para mí el haber publicado un libro, *La casa mágica*, porque ello me da respeto ante la gente de mi alrededor, pues ven que soy una persona aplicada y eso gusta. De hecho, no paro de firmar y dedicar los libros que vendo. Estoy muy solicitada, e incluso me piden que me haga fotos con las personas que me solicitan un autógrafo.

Y cuando pregunto o pongo el termómetro, sobre cómo y que apreciación tienen de su lectura, me contesta todo el mundo que les encanta. ¿No es genial? Para mí lo es, muy genial. He de enviar dos libros por correo postal a la hermana Sabina, para los niños que ella cuida y atiende. ¡Qué gran labor! Espero que mi libro les haga sentir mejor. ¡Ojalá que sí!

Quiero contar que en una suscripción de vehículos me ofrecían dos opciones: doce meses sin permanencia, y mes a mes. Porque yo renuevo el carné de conducir anualmente. Y no me parece bien. Se supone que nos deben ayudar a las personas con discapacidad y no explotar con carnés renovables anualmente o suscripciones de vehículos con una elevada mensualidad o sin permanencia.

Un día nuevo y una narración nueva, pues ahora les hablaré de espiritualidad. Y es que las estrecheces en la mente no llevan a ninguna parte ni a ningún lugar. Tan solo la armonía te conduce a la felicidad. Y es que mi bagaje por la vida me ha hecho limar asperezas hasta encontrar la armonía. Libre de prejuicios, toda una vida en ello, hasta los cincuenta y un años, momento en el que publico *La casa mágica*, de lo cual hablo en mi obra.

Cambiando de tercio, diré que mi condición es la de pensionista y la de militar retirada, y ahora también disfruto de un contrato de autora, para cinco años, renovable anualmente. Narro todo esto para dejar constancia de mi persona, para que se tengan en cuenta mis buenas obras. Porque, como mencioné anteriormente, no son realistas ni enteras las noticias o datos sobre las personas con diagnósticos de esquizofrenia paranoide. Y es que vuelvo a decir que esta sociedad nos tiene marginados, y hay que empezar a trabajar en ello. Estaría bien que cuando una persona enferma fuese incapacitada se le apoyase para que recuperase su sitio en el mundo laboral. Y no dejarla, por el contrario, a un lado, olvidada del mundo. Así no se nos marginaría en la sociedad. En mi caso, por ejemplo, en mi primer brote psicótico, cuando pude recuperar mi vida, me marché a trabajar a los tres meses a Madrid, en conceto a Velilla de San Antonio, de monitora de natación y socorrista, pero lo hice por mi cuenta. Nadie me ayudó a incorporarme al mundo laboral.

Y es que tanto yo como mis compañeros, por hacer bien nuestro trabajo, fuimos reconocidos y felicitados. Y con miras a renovar contrato por un año. Anteriormente fueron los tres meses de verano, así que pido que no nos excluyan de la vida laboral en la sociedad. Y aquí me encuentro, escribiendo, narrando mi novela, o más bien mi tesis doctoral. Qué les puedo decir más. Que la vida es maravillosa y deseo, con este manuscrito, también compartir mis pensamientos y mi evolución, para que personas como yo, diagnosticadas de esquizofrenia paranoide, puedan enfocar la vida desde un punto de vista optimista. Así lo deseo, de corazón.

Cómo no voy a invitarles a leer y amenizarse con la lectura de *La casa mágica*. Cómprenlo, no se arrepentirán; al contrario, se gratificarán.

Retomando el tema de salud mental, si me lo permiten, un consejo: miren desde el corazón y pónganse en el lugar de los demás, pues así preservarán su integridad. Lo digo por lo siguiente: vuelvo a hacer alusión a las personas que sienten desconfianza hacia personas con mi mismo diagnóstico, esquizofrenia paranoide. Vuelvo a decir que puede ser un diagnóstico erróneo por mis circunstancias, dos brotes nada más en doce años. Y si lo fuera, en mi opinión, no cabría incapacitación. Pues, como pueden comprobar, soy una persona muy válida y activa. No nos pueden medir a todos por el mismo rasero, pues cada persona es un mundo. ¡Ah! Y si cabe decirlo, aprovecho para decir que tener discapacidad no es igual a ser tonto. Si me lo permiten, de tonta tengo bien poco. Como digo en *La casa mágica*, en sentido cariñoso, deben saber también cuál es el cometido de cada uno en el mundo. Yo sé el mío: trasmitir mis ideas, entre otras cosas. Porque yo cambié a mejor, por eso intento contribuir con mi granito de arena. Ahí están mis letras. ¡Oh, Dios! ¡Qué bien que estas en mí!

Y vuelvo a hablar de Rosa, mi pareja desde hace cinco años. Muchas personas han especulado sobre nuestra relación y sobre si seguíamos juntas. Pues ahí estamos, más unidas que nunca, y desde el corazón. Ella, Rosa, siempre haciendo el bien, pues nunca me abandona. Y la verdad es que tiene el cielo ganado, y por muchas razones. Tiene mucho mérito

II/XII/XXI. Progreso

Y comienzo a proyectar, a través de mis manos, sentimientos en mis teclas de ordenador. Y así, muy delicadamente, mi corazón va expresando que uno de mis mayores deseos ha sido y es recuperar mi vida laboral. Pues, en un email enviado a mi profesor de la universidad UMH (Universidad Miguel Hernández), de Elche, de la asignatura Introducción al Derecho de la Seguridad Social, en el que me decía en respuesta al email enviado por mí sobre si debía comunicar al INSS (Instituto de la Seguridad Social) el haber publicado la obra *La casa mágica*, mi profesor me contestó que sí, y que, además de tributar también, sería necesario inscribirme en RETA. Claro, ello si seguía escribiendo y publicando libros. Para mí, sinceramente, sería un honor poder seguir haciéndolo, y escribir un montón de libros, miles de libros, millones de libros, y contribuir en la medida de lo posible a dar lo mejor de mí, realizándome de camino como escritora. Y es que siento una gran satisfacción escribiendo. Es un alago para mí y un placer servir a mi público.

Pude comprobar que en El Corte Inglés estaba agotada *La casa mágica*. Eso es muy buena señal. Como es también maravilloso que esté considerada como un best seller; al menos así, se constataba en una página web. Quiero dar las gracias a Dios por este hecho. Y añadir que donde se cierra una puerta, se abre otra mucho más grande. Y con ello, animo a que no decaigan en los momentos difíciles, pues nuestro amado y señor Jesús sufrió en la cruz y al tercer día resucitó. Comprendamos el mensaje que Jesús nos enseñó. Es tan grande su amor, por nosotras, por nosotros, que vino al mundo para salvarnos. Esa es también nuestra gran victoria, amar la cruz que cada uno llevamos. Pues, después del sufrimiento, viene la victoria.

En conclusión, que la vida me brinda una hermosa oportunidad.

He de decir que no tengo miedo, pues confío en mi corazón, lugar donde habita el amor y motor de mis palabras. Y qué mejor momento que este para hablar de amor y de la Navidad, que está próxima. Comenzaré cantando: «¡Venid que lo adoremos! ¡Venid que lo adoremos! ¡Venid que lo adoremos! ¡Al Niño Dios! ¡Al Niño Jesús!». Como todos los años, nos reunimos por Navidad, guiados por ese mensaje de paz y alegría que alcanza todos los hogares del mundo gracias a su nacimiento, el del Niño Jesús, que año tras año nos envuelve de paz, amor, dicha y felicidad. ¡Que repiquen las campanas de todas las iglesias porque va a nacer una vez más ese sentimiento tan hermoso de paz y alegría que el Santo Niño Jesús nos trajo al mundo! ¡Ha nacido el Salvador! ¡Y vuelve a nacer como cada año! Alegría, dicha y emoción siento en mi corazón. Porque esta pronta la Navidad. ¡Prepárense para recibirla, para recibir al Niño Jesús! Y ahora más que nunca digo: ¡ALELUYA!. Va a nacer el niño Dios. Desde su nacimiento, cambió el cuso de nuestras vidas, y, como cada año, nos orienta hacia la PAZ y la salvación. Niño Jesús, LUZ del mundo, divino Niño Jesús. Ya el manto blanco de nieve cubre toda la faz de la tierra. ¡Qué hermoso! Esta pronta la Navidad. Belenes de Navidad, nacimientos del Niño Jesús, arbolitos, guirnaldas, adornos, regalos y gozo por cantar villancicos, mucho gozo hacia el Niño Jesús, que pronto nacerá en todos nuestros hogares, entre villancicos, y nosotros, gozosos de recibirlo.

INSTANTÁNEAS DE MI VIDA EN MADRID

Capítulo 1

Vías y más vías, e infinidad de carteles enunciativos, era la bienvenida a la Capital de España, Madrid. Era lo que se podía divisar a través de la ventanilla del autocar en el que viajaba, en mi destino hacia el Monte del Pardo. Era de madrugada, un siete de enero de mil novecientos noventa y cuatro. Y a medida que el autocar iba aproximándose al núcleo urbano, por la M-30, se podían apreciar edificios y más edificios por doquier, muy altos y emblemáticos. ¡Era tal mi estupefacción y asombro ante tan magnánima belleza! La ventanilla, a pesar de estar empañada, debido a las bajas temperaturas del exterior, no impedía disfrutar de aquella belleza y novedad, pues nunca había estado en una ciudad igual, tan grande, bella e importante. A un lado quedaba el río Manzanares, bordeando la M-30. Recuerdo que pasamos a través de un estadio. Ya saliendo de aquel túnel, pude comprobar que se trataba del Vicente Calderón. Era un sueño hecho realidad poder verlo y estar ahí, en Madrid. Pronto la ciudad se perdió a lo lejos, y con ella sus luces, las que la iluminaban en aquella noche tan especial para mí. Y nos adentramos otra vez en un sinfín de autovías.

Capítulo 2

El rugido del motor del autocar y el humo de su tubo de escape, junto con la noche que acontecía en el Monte del Pardo, formaban parte de un escenario. Los pilotos del autocar encendidos eran mis ojos en aquella madrugada, cuando era todo prácticamente penumbra. Decidí por fin bajar del autocar y aproximarme a la puerta del Cuartel del Príncipe para presentarme a las siete de la mañana, tal y como tenía indicado. Un siete de enero de mil novecientos noventa y cuatro. Acto seguido me identifiqué ante el soldado que custodiaba la puerta de acceso, el cual me condujo a un patio, en el que pude comprobar que había una multitud de personas agrupadas junto a sus equipajes. Yo ya era una más del grupo, pues pasé a formar parte de lo que más tarde llegaría a ser una formación. Un instructor, a la voz de «¡AR!», de manera marcial, daba órdenes. «¡Firmes!». Más derecha que una vela, con la mirada fija en el cielo, y bajo cero, recibí mi primera instrucción. He de decir que me emocioné, y sentí en ese mismo instante orgullo hacia mi nación, España, y hacia SS.MM. los reyes de España.

Un poco más tarde, el instructor ordenó de nuevo extender el brazo derecho hacia el frente, hasta tocar el hombro del compañero, para guardar una distancia ordenada, para más tarde bajar de nuevo el brazo; volviendo a ordenar «firmes» otra vez, ya permaneciendo en lo que era ya una formación.

Capítulo 3

El contenido del macuto fue una gran novedad, pues iba a uniformarme y vestir de verde, quedando atrás mi vida civil; hecho que me causó gran ilusión, y la verdad es que me veía bien favorecida. Como también fue una gran novedad conocer mi camareta y a las compañeras que pernoctarían conmigo y, como no, compartirían en adelante multitud de vivencias. Porque pronto viajaríamos al acuartelamiento de Rabassa, Alicante. Había que superar un campamento que duraría varios meses para lograr la boina azul, prenda de cabeza del uniforme de la Guardia Real. Recuerdo que éramos la tercera promoción de la Guardia Real, para luego volver al Monte del Pardo, Madrid. Allí recibiríamos instrucción, y una vez superado el campamento, volveríamos y cumpliríamos un destino asignado.

Capítulo 4

He de especificar que la Guardia Real fue, de diez, la primera opción que elegí como destino. Y para opositar a las Fuerzas Armadas, primeramente tuve que presentarme en Bétera, Valencia. Por cierto, un encanto de ciudad. Era un barracón muy frío, y a pesar de estar tapada con una manta militar, estaba helada. No pude dormir mucho. A la mañana siguiente ya me preparaba, para examinarme, tras un desayuno. No sin antes oír diana, a las siete de la mañana, por primera vez en mi vida. Recuerdo que todas las pruebas las superé con éxito, e incluso iba dando ánimos a mis compañeros. El kilómetro, en menos de cuatro minutos; los cincuenta metros, en menos de ocho décimas de segundo; el salto vertical y las flexiones, bien. El examen psicológico y el médico, también, aunque con este último tuve un pequeño contratiempo, pero nada importante y que no se pudiera subsanar. Pues al poco tiempo pude comprobar en una llamada telefónica, ya desde casa, que Cristina Martínez Davo era APTA.

Capítulo 5

La instrucción fue muy dura en el acuartelamiento de Rabassa, Alicante, pues no parábamos ni un minuto y había muchas pruebas que superar. Desde bien temprano, diana, a las siete de la mañana, hasta la hora de descanso; toque de queda las once de la noche, pero incluso había generales, a mitad de noche. He de decir que disfruté mucho con todas y cada una de las pruebas realizadas. Puedo mencionar tantas y tantas experiencias gratificantes, pero a la vez duras. Por ejemplo: realizaba doscientas flexiones, todas las mañanas, perfectamente, sin ningún problema, pero, si lo había, ahí estaba el instructor para darte ánimos. Recuerdo que siempre nos decía en voz alta y contundente la palabra con energía: «¡Ganas!». Y también nos preguntaba cualquier día de la semana en qué día nos encontrábamos, a lo que había que contestarle siempre: «Lunes, mi instructor». He de decir que todo cuanto realizaba en el campamento lo hacía con el corazón, por ello disfrutaba tanto. Amaba todo cuanto hacía. Los días eran completos, desde principio a fin, repletos de instrucción. No se paraba, y enlazábamos una actividad con otra. Ahora, en estos instantes, en los que transcribo mis recuerdos desde mi mente, jamás pensé que iba a recordar tantos y tan bellos momentos. Y es que intentar recordar es difícil, pues han pasado diecisiete años. Pero, para mi sorpresa, mi corazón me ha sorprendido con bellos recuerdos y maravillosas sensaciones. Y es que lo que se hace con el corazón permanece siempre en el recuerdo.

Capítulo 6

No había que mirar hacia abajo, si no al frente, y mantener la mirada fija y con decisión, pues el precipicio entre montaña a montaña era profundo. Pero las pisadas de mis botas, polvorientas de haber pateado, en cada paso que daba, eran firmes, sobre los tubos de hormigón que unían cada uno de los extremos de las montañas. Y la vez, la sujeción de mi Cetme entre mis brazos me ayudaba a guardar el equilibrio, que podía llegar a perder por el peso de mi mochila, o quizás el sudor enturbiara mi vista por el complemento de mi prenda de cabeza. mi casco.

Pateé esos tubos hasta alcanzar el extremo de la cima de la montaña que había al otro lado de los tubos de hormigón. Y así superamos los obstáculos todos los de mi compañía, caminando tras los mandos, que iban abriendo paso y reconociendo el terreno. Pateando kilómetros y kilómetros. Fueron milésimas de segundo, pero he de decir que sentí miedo por unos instantes, nada más divisar a lo lejos la gran altura por la que me iban a hacer pasar. Pero mi actitud positiva me hizo sentirme capaz, al decirme a mí misma: «Yo puedo conseguirlo». Así que me enfrenté a esos tubos de hormigón y logré, sin dudarlo ni un momento, pasar al otro lado del precipicio. Esa fue la aptitud positiva que adopté y, por consiguiente, la que me ayudó a enfrentarme al miedo, para lograr así mi meta. No importa sentir miedo, es algo natural. Importa enfrentarse a él. Por lo tanto, es cuestión de aptitud, que era innata en mí.

Capítulo 7

Las piezas que componen mi Cetme 5,56 mm, o subfusil de asalto, relucen. Y están limpias y lubrificadas, sobre mi mesa, pero me decido montar sus piezas en cero coma. Cronometro en mano, me decido a toda prisa a montar el Cetme 5,56 mm, y es que me conozco muy bien sus tres partes básicas: mecanismo de acción o de carga, donde se cargan, disparan y expulsan las municiones; el cañón, un tubo metálico, por donde pasa el proyectil; y la culata, que soporta el mecanismo y en muchos casos el cañón. «¡Davo!», exclama el instructor, pues así me hacía llamar, por mi segundo apellido, «¡a la furrielería!» Y hago entrega de mi armamento: el Cetme, mis trinchas y mis dos cargadores. Y mis rasgos faciales poco a poco van transformando estrés y tensión en tranquilidad y alegría al ver superada otra prueba más

Capítulo 8

Estirar, vista al frente y tierra atrás. Esas eran las palabras que mentalmente mencionaba al correr por la orilla de la playa de San Juan durante kilómetros. Así nos lo enseñaron. Correr por la arena me fortalecía en todos los sentidos, pero todavía más aún a mis extremidades inferiores. Era duro, pero a la vez era una experiencia gratificante. Me encantaba y me hacía sentir muy libre y fuerte, olvidando todo cuanto había realizado a lo largo del día, y todo sin intervalos —zafarrancho, instrucción por el campo, limpieza de armamento y, en estos momentos, correr alrededor de unos quince a veinte kilómetros—. Me encontraba fuerte y el agotamiento no me vencía. Además, todo estaba en mi mente. Querer es poder, y podía. Ya lo creo que podía. Siempre se me ha dado bien el deporte. ¡Vamos! Que tenía aptitudes para ello, pero hasta incluso en condiciones extremas, como lo eran en mi campamento, en Rabassa, Alicante. ¡Ganas!

Capítulo 9

El camión nos llevaba de regreso al acuartelamiento de Rabassa. Y una vez allí, en formación. «¡A las duchas! ¡Rompan filas! ¡Ar!», ordenaba el instructor, nuestro mando más inmediato. Había que turnarse para ello, pues éramos muchas mujeres soldado, para había pocas duchas y poco espacio de tiempo. A pesar de ello, la convivencia era muy buena, pues había mucho compañerismo entre nosotros en el campamento. Así nos lo inculcaban, y era muy importante. Pues si alguien incurría en ello, era motivo de expulsión.

Me había esmerado en la limpieza de mis botas. Una vez en formación, y en posición de firmes, pasaban revista los mandos a nuestros uniformes. Primeramente, el instructor; y acto seguido, el teniente de la compañía, asignado para dirigir el campamento para la obtención de la boina azul. Totalmente erguida y con la mirada en el cielo, el instructor pasaba revista a mi uniforme. No podía moverme, aunque mi cuerpo estaba agotado y me pedía descanso después de toda una mañana de actividades. Permanecía inmóvil y no me dejaba vencer por el cansancio. Pronto iríamos a reponer fuerzas al comedor y recuperaría energía. Pero por poco espacio de tiempo, pues en breve continuaríamos.

Capítulo 10

Ya en formación, y con el FR8 o máuser al hombro, desfilábamos de un lado para otro en el acuartelamiento de Rabassa, Alicante. «¡Alto! ¡ Presenten armas!», era la orden del instructor. Recién venidos del comedor y con el estómago aún por digerir los alimentos, nos encontrábamos con el arma en suspense por un largo espacio de tiempo. Y no podía caer al suelo el FR8 o máuser. Mis bíceps se endurecieron a base de bien por el tiempo que los brazos soportaban el peso del arma, pero nunca se me cayó al suelo. Había que parar de desfilar, con el pie izquierdo, y terminar cuadrándose con el pie derecho, y con el armamento en el hombro izquierdo. Parecíamos soldaditos de plomo por la posición, pero con el traje de faena, camuflaje o bimetal. Acto seguido ordenaba: «¡Descansen armas! ¡Ar!». Y allí estábamos. Tras una serie de movimientos, que aún recuerdo, descendíamos el FR 8 o máuser, tras un pequeño impulso con el hombro izquierdo; acto seguido, con el brazo derecho, lo amortiguábamos y lo descendíamos, ya con la culata en tierra. Me estremezco al recordar estos bellos momentos que guardo en mi corazón, vivencias de un pasado maravilloso que ahora es presente.

Capítulo 11

Horas de intenso estudio, con actitud inagotable, como en las anteriores actividades. Porque siempre había que tener una intención competitiva, incluso tras cuatro horas de estudio, en las que se impartían por parte de los mandos las clases. Se estudiaba la parte de la teórica militar, para ejercer la práctica con éxito. Este sería el último ejercicio del día, salvo si por sorpresa sucedía que había generala. Nunca se avisaba. Y ya llegaba el merecido descanso. Pues nos dirigíamos al comedor, tras finalizar la clase de teoría, pero, claro, no sin antes formar y romper filas. Por cierto, mi apetito seguía siendo insaciable. Más tarde volveríamos a formar, para luego pernoctar.

Capítulo 12

Ya por fin en mi cama-litera, reposaba de todo un día de actividades. Siempre pernoctaba en la cama de arriba. Y he de decir que nunca caí, por suerte. Mi sueño era profundo y reparador. Pero por muy poco espacio de tiempo, pues el instructor... «¡Todo el mundo en pie! ¡Generala!». Me lancé al vacío, endormiscada, y rápidamente me puse el uniforme y me apresuré a recoger mi armamento... «¡A por el armamento! A toda prisa. ¡A pasar el conguito!», ordenó el instructor. Quiero explicar que el conguito era una prueba que se trataba de un túnel, un barrizal muy oscuro estrecho, por el cual había que reptar hasta encontrar la salida. «¡Davó!, a reptar el conguito», me ordenó el instructor. Me dispongo a entrar y reptar por el túnel. No veía nada, pero aun así había que encontrar su salida, y en él había varios conductos, pero contaba con una baza: las botas de mi compañero, que iba delante de mí, me pegaban en la cara. Ello me hacía sentir molesta, pero a la vez segura, pues iba a lograr salir de aquel túnel en el que apenas cabía. Era un barrizal oscuro y a malas penas cabía una persona reptando, pero he de decir que no sentí agobio, pues tenía plena confianza, pues, como digo, el avance de mi compañero me daba seguridad. Y por fin veo la luz, había logrado salir. Pero tan pronto como salí, me ordenó mi instructor volverlo a pasar. Así que me armé de valor y, embarrizada, me dije: «Adelante!». He de decir que recordaba el camino, aunque esta vez no iba ningún compañero abriéndomelo. Así que accedí a él y repté guiada con mi retentiva memoria, y cuando se presentó el doble camino, supe saber qué camino tomar para emerger a la superficie victoriosa. La verdad es que no esperaba tener que volver a introducirme en el conguito, pero se me ordenó una vez más reptar en él. Eran las dos de la madrugada. Generala.

Capítulo 13

Así, durante el período de dos meses de campamento, fecha en la que se dio por culminado y finalizado el acuartelamiento de Rabassa, Alicante. Y por consiguiente, había obtenido la boina azul, prenda de cabeza y distintivo del cuerpo de la Guardia Real. Fue para mí un gran honor poder conseguir y vestir sobre mi cabeza aquella prenda. Por ello, se celebró un almuerzo, por todo lo alto, para toda la compañía, y como invitados, por mi parte, asistieron mis padres a la ceremonia, de nuevo en el acuartelamiento de Rabassa, antes de partir al pueblo del Pardo, Madrid, donde prestaríamos juramento a la bandera de España.

Capítulo 14

En Madrid, volvería a reunirme nuevamente con mis semejantes con motivo de mi jura de bandera, con fecha de diecisiete de marzo de mil novecientos noventa y cuatro, cuando realizamos el acto los miembros de la tercera promoción de la Guardia Real. Llegado el día, y en formación, y con el uniforme de bonito y la deseable boina azul, desfilamos en dirección hacia la bandera de España. Fue presidida por importantes personalidades militares, pero como invitada de honor estaba S.M. la reina de España. Iba a convertirse en la decisión más seria que iba a tomar en toda mi vida. Y a medida que me aproximaba a la bandera de España, con paso marcial y todo lo erguida que podía, sentí que comprometía mi corazón y para siempre con mi patria, España. Y así, llegado el momento, incliné mi cabeza ante mi querida bandera, quedando sellado mi compromiso. ¡VIVA ESPAÑA!

Capítulo 15

Una vez prestado juramento a la bandera de España, disfrutamos de nuestro merecido permiso, para luego más tarde volver, tras nuestro regreso, al Pardo, Madrid, y así ocupar nuestro destino asignado en la compañía y realizar nuestras respectivas guardias de veinticuatro horas y servicios. He de especificar que yo pertenecía, de los tres ejércitos (tierra, mar y aire), al de tierra, y mi especialidad era la de logística. Gracias a esto cubrí diferentes puestos de trabajo en distintas dependencias, como el archivo de la Guardia Real, el economato, la zapatería, la cocina y la plana mayor.

Capítulo 16

Experiencias de un día en el acuartelamiento de la Guardia Real. ¡Diana! Comienza la actividad en el cuartel del Rey. Procedíamos a incorporarnos, pues empezaba un nuevo día. Era, de los tres cuarteles que formaban el cuerpo de la Guardia Real (el cuartel del Príncipe, cuartel de la Reina Sofía y por último, el cuartel del Rey), en el que pernoctaba, y tras levantarnos y disponer nuestra cama, nos preparábamos para formar. Pero un poco antes, una vez uniformados, acudíamos a desayunar. Lo cual se podía llevar a cabo en el comedor o bien en la cafetería. Para ir al comedor había que desplazarse al cuartel del Príncipe, aunque algo más próxima estaba la cafetería del cuartel del Rey, con lo cual a veces acudíamos a esta. Allí nos reuníamos con los guardias, que pertenecieron a la antigua escolta, del antiguo régimen, ahora escoltas de SS.MM. los reyes de España. Concluido el desayuno, eran casi las ocho de la mañana, y por ello nos apresurábamos a uno de los patios, ubicados cerca de la compañía, para formar.

He de especificar que el acuartelamiento del rey estaba reformado en cuanto a compañía (camaretas, oficinas, etc.) pero aún algunos espacios conservan el antiguo estilo arquitectónico. Una vez en formación, nos pasaban revista y nos daban instrucciones, sobre la limpieza de camareta y sobre la gimnasia a efectuar antes de acudir a nuestro destino, algo que nos ocupaba desde las nueve de la mañana hasta aproximadamente las dos del medio día. La gimnasia se realizaba por el monte del Pardo, pues salíamos a correr y a veces con uniforme de verano, manga corta y pantalón corto, en pleno invierno. Y corríamos de ocho a quince kilómetros. Finalizada nuestra actividad deportiva, íbamos a las duchas, y acto seguido a ocupar nuestro destino. Después, finalizado esto, a disfrutar del resto del día. Y así permanecí por período de seis años, fecha en la que decidí conocer otros destinos militares.

Capítulo 17

El cuartel de Gobierno Militar fue mi siguiente y última vacante asignada, por período de dos años aproximadamente, pues decidí cursar otros estudios civiles para otras actividades: monitora de natación, socorrista acuático, vigilante de seguridad y escolta privado. En el Gobierno Militar ocupé las funciones de policía militar y conductora de diferentes vehículos, como soldado, para más tarde opositar a cabo, una vez superadas todas las pruebas psicotécnicas, teóricas y físicas. Mi ascenso me llevó a realizar las correspondientes guardias, pero ya no consistían en estar de plantón veinticuatro horas, como en la Guardia Real, en una garita, sino que se trataba de servicios de seguridad en un control de accesos o de cámaras, o también realizando servicios de transporte a jefes, o haciendo patrullas por los cuarteles. Puedo recordar que mi mando más inmediato me otorgaba el fin de semana libre si mi conducción era optima. Y siempre era prueba superada.

También teníamos nuestras salidas al campo para realizar el ejercicio de tiro.

Como también es cierto que en nuestro destino en la plana mayor, desde las nueve de la mañana hasta las dos de la tarde, llevé tareas de administrativas.

Capítulo 18

Viernes, conduciendo por la Castellana y, de forma ágil, sorteando vehículos. Ya lo dice el refrán: «como Pedro por su casa», en un 1 1 marca Seat, acompañando a una autoridad al cuartel general, hasta la calle Prim. El tráfico no es fluido, pero en muy poco espacio de tiempo logro cubrir mi servicio y cumplirlo de manera competente y eficaz. Por lo tanto, stop a la jornada laboral antes de lo previsto por mi aptitud y conducta. Con lo cual, todo apuntaba, si no tenía ninguna guardia, que iba a viajar a visitar a mis familiares a Elche (Alicante), o quizás decidiera quedarme en Madrid, disfrutando de la encantadora y maravillosa ciudad. Siempre me ha entusiasmado el que me asignaran servicios de mucha responsabilidad, por ello siempre he elegido empleos de gran responsabilidad, y por ello, tras finalizar en las Fuerzas Armadas, continue con la habilitación de vigilante de seguridad y escolta. Además, también me encanta competir, y por eso me preparé y entrené para las pruebas de natación que me solicitaban para titularme como monitora de natación y socorrista acuático, más un reciclaje, y todo ello en la piscina M-86. Perseverancia y constancia son aptitudes que tuve adoptar para superar todo.

Capítulo 19

Y como siempre es buen momento para dar gracias a Dios y la Virgen María, necesito compartir la oración al Cristo del Perdón. Mi señor Jesucristo, acordaos de mí, que soy pecadora; Virgen santísima, rogad por mí, que soy pecadora para con vuestro amado hijo, preciosa hermosura de los ángeles, de los apóstoles y confesores; gloria de los serafines, corona de las vírgenes, libradme de aquella espantosa figura cuando mi alma saliere de mi cuerpo. ¡Oh, santísima fuente de piedad y hermosura de Jesucristo, alegría de la gloria, consolación del clero remedio de los trabajos! Con vos, Virgen prudentísima, se alegran los ángeles. Encomendad mi alma y la de todos los fieles cristianos. Rogad por nosotros y que vuestro bendito Hijo nos conduzca al paraíso eterno, en donde reináis y vivís siempre. Allí os alabaremos eternamente. Amén, Jesús. Soberana Virgen María y Jesús, Hijo de Dios vivo, pues lo habéis parido, rogad por nosotros, todos los pecadores, para que nos perdone, líbranos del enemigo que nos combate y concédenos la gloria eterna. Amén, Jesús. La referida oración se hace digna de crédito por ser aprobada por los sumos pontífices, quienes han concedido muchos días de indulgencias a los que, confesados y comulgados, la leyeren con devoción. Alabada sea la sagrada pasión y muerte de nuestro Señor Jesucristo, para siempre.

Capítulo 20

Había una mujer que habitaba en la montaña y tenía una vida arreglada. Esta deseó saber cuántas fueron las llagas que por nosotros había recibido el sacratísimo cuerpo de Jesucristo, y pidió al señor con mucha devoción que se lo revelase. Se le apareció, pues, y le dijo: «Has de saber que las llagas que recibí en mi cuerpo fueron cinco mil cuatrocientas cincuenta y cinco: por lo que te digo que todo el que rezare en memoria de ellas quince padrenuestros y avemarías por espacio de un año, sacará quince almas del purgatorio y se le redimirá la penitencia, y además obtendrá la gracia de la confirmación de las buenas obras. Y así mismo, a quien rezare un año entero las oraciones, le daré quince días antes mi cuerpo para comer y mi sangre para beber, y no tendrá sed, y le pondré delante la señal de la Cruz, que le servirá de guarda y defensa, y la llevaré a los placeres eternos; y cuando le lleve, le daré a beber la divinidad; a quien tuviere dolor o contrición de sus pecados, cumpliendo este rezo por espacio de un año, se los perdonaré todos, desde que nació hasta la muerte; y lo libraré del poder del demonio y de su tentación; y, siendo malo, se volverá bueno. Continuamente guardaré su alma de las penas del infierno, y lo que pidiera a mi Madre Santísima se lo concederé, dándole la vida para ir a vivir en mi reino, a fin de morar siempre conmigo. Cualquiera que trajese consigo esta oración, o la diese a leer o enseñara a alguna persona, tendrá en esta vida placer y galardón. Donde quiera que esté esta oración, la casa será conservada en paz, así como conservé las olas pesadas del mar, ni abrasado por el fuego, ni por rayos, ni acometido coral, ni se depondrá ningún testigo falso. Cualquiera mujer que se halle de parto, colgándose esta oración al cuello, parirá felizmente sin peligro. Esta oración la trajo de Roma don Juan Cardoso, que le encontró en un hombre que habían arrojado al mar con una piedra grande atada al cuello; éste anduvo por espacio de tres días sobre las aguas, sin ahogarse. Cuando lo sacaron, le encontraron la oración. Que la traiga lo haga con mucha fe, pues Dios no sabe faltar, y todos los días dirá la siguiente oración.

Capítulo 21

Una vez realizadas acciones humanitarias en las Fuerzas Armadas, realicé otros cursos y estudios afines a mi perfil. Pues yo siempre me he identificado con el deporte, los uniformes y el dibujo y la pintura, y con escribir, primero poesía y ahora libros. Es por ello que conseguí ganar dos primeros premios de dibujo en la EGB y FP. Me considero de personalidad fuerte, pero sensible a la vez. Pero lo que nos compete en estos momentos es continuar con mi trayectoria profesional y mi vida, no sin antes acentuar mi gran devoción por el Cristo del Perdón, el cual siempre he llevado con mucha fe en mi corazón, y por ello es el detonante de mi felicidad. Por ello, lo comparto, para desear lo mejor a todo el mundo.

Capítulo 22

Vida y obra de Cristina Martínez Davo.

Nos trasladamos a la ciudad de Elche para hablar de mis comienzos. Ya en el colegio, se acentuaban mis habilidades para el dibujo, y por ello mis compañeros me hacían un corrillo cada vez que me decidía a realizar un dibujo. Mis notas no eran muy allá. Excepto en pretecnología, que puntuaba dieces. Los profesores comentaban que yo no servía para estudiar. Y aquí empezó mi calvario.

Érase una vez el cuervo de la inmadurez, que aterrizó en el hogar de mi familia, haciendo sucumbir a mis padres y, como consecuencia, a mí; desolando todo vestigio de positividad en mi vida, instalando preocupación y tristeza, desarrollándome entre la maleza de esa selva llena de inmadurez. Y es por ello que me fue muy difícil ser yo, ser una misma, pues al cuervo de la inmadurez solo le importaba él mismo, arrasando todo vestigio de alegría y esperanza en mi personita. En el colegio no podía dar todo de mí, pues no me era posible ser y estar al cien por cien. Yo no conocía mi potencial, me era desconocido, pues el cuervo del egoísmo lo eclipsaba.

Crecí absorta por la preocupación y la tristeza, y mi estado era tembloroso, y con la mirada perdida. Desconocía todo vestigio de plenitud y felicidad. Y por ello mis notas eran casi todas de calificación suficiente e insuficiente. Incluso el desprecio era patente en el día a día por parte de los compañeros que me rodeaban, a medida que fui creciendo. Pronto se me empezó a catalogar con el adjetivo de tonta, sin serlo, y por ello se definió que yo no servía para estudiar. Repetí quinto curso de EGB como consecuencia de ese animal despiadado, el cuervo de la inmadurez que arrasó mi vida.

Pero, para mi fortuna, aparecieron el ave Fénix y la paloma de la esperanza, que nunca perdí y me acompañó en mi viaje por la vida. A partir de ese momento siempre estuvo a mi lado. Y es aquí donde empieza la cuenta atrás de todas y cada una de mis experiencias no precisamente agradables. Logré graduarme en la EGB. Aprobé todos los cursos restantes que pertenecían a la segunda etapa, es decir, sexto, séptimo y octavo, e incluso el curso repetido quinto. Después me matriculé en el Instituto Sixto Marco en la FP de diseño de calzado, y aprobé la FP I y la FP II. Es decir, los cinco cursos correspondientes, sin repetir ninguno y con buenas notas, incluso notables, aunque eso sí, en dibujo siempre destaqué. Recuerdo que mis exposiciones en la feria de calzado IFA gustaban mucho. Pero nunca logré abrirme camino como diseñadora, ya que, a pesar de mi capacidad de lucha y mi perseverancia, me abatía mi estado de preocupación y tristeza.

He de decir que siempre estuvo en mí presente la esperanza, y que mi fe en Dios siempre me acompañaba. Así que, con estas, con mi fe y mi perseverancia, y mi lucha, rasgos de mi personalidad, realizaba entrenamientos en la ciudad deportiva, después de terminar todos los días las ocho horas de clase, y también tras mi trabajo, porque compatibilizaba mis estudios con el trabajo.

Pero, prosiguiendo con mi entrenamiento, el cual realizaba a altas horas de la noche, quiero decir que estaba enfocado a preparar las oposiciones para las Fuerzas Armadas. He de decir que ha sido un camino que nunca he abandonado, el de la fe.

Dicen que Dios tarda, pero no falta nunca, siempre nos socorre y auxilia. Y es por eso que puso a Rosa en mi camino. ¡Bendito Dios! ¡Y bendita Rosa! Pero eso pertenece a la primera entrega de *La casa mágica* y esta es *La casa mágica II*.

Capítulo 23

Logré graduarme, ostentando el título de TÉCNICO ESPE-
CIALISTA EN TECNOLOGÍA Y DISEÑO DE CALZADO
Y MARROQUINERÍA (1986-1991). Continué ocupando
diferentes puestos de trabajo y entrenando por la noche en
la ciudad deportiva de Elche. Hasta que en 1994-01-07 me
convertí en METP (militar de empleo de tropa profesional)
porque me apasionaban los uniformes, realizar acciones humanitarias, competir en el deporte y conocer la ciudad de Madrid.

EL AVE FÉNIX. Madrid, año 2009.

Fue en los primeros meses de este año cuando padecí mi
primer brote psicótico. Lo explico.

Fue tras recibir una llamada de un juzgado, informándome de que debía, a la mayor brevedad, personarme allí. Era la
primera vez que recibía una llamada de estas características, y
por ello me asusté mucho. Tanto que me hizo perder el control
de mi vida. Por eso mi reacción fue de... off. Una vez allí, tras
presentarme, el recibimiento dejó mucho que desear, para mi
asombro. Yo estaba acostumbrada a otro tipo de trato, habien-
do estado empleada en las Fuerzas Armadas, y en aquellos momentos desempeñando funciones en seguridad privada como

vigilante de seguridad. Se me informó de que se me había denunciado por enviar un SMS por teléfono. Quiero explicar la razón de enviar este SMS: fue para ayudar a una persona que continuamente me pedía ayuda para poder separarse de otra persona que, según me decía, no le hacía ningún bien. Es por ello que, de algún modo, en aquella etapa de mi vida, de la mejor manera que supe, intenté ayudarla, ante su insistencia, siempre sin ninguna mala intención; me refiero a hacer daño ni a esa persona que le molestaba ni a nadie. Yo nunca haría daño a nadie en la vida, y si cuento esto es para que se conozca el atraco al que fui sometida y del que víctima en todos los sentidos de mi vida. Me refiero a no solo mi estabilidad emocional, sino también a mi vida laboral y sentimental, ya que yo tenía estima hacia la persona que me pidió ayuda y, a cambio de ello, sucedió que me denunció.

He de decir qué padecí mucho, lo cual detallaré más adelante, pero también quiero añadir que no supe ayudarla mejor, teniendo en cuenta mi situación personal. Me refiero a la tristeza y preocupación que me acompañaban a lo largo de mi vida, y por ello me hacían tener cierta inmadurez en aquel entonces. Pero siempre he de decir que en todo momento he actuado de buena fe. Y añado que no guardo ningún sentimiento de rencor hacia esa persona que me pedía ayuda. Y ahora, después de tanto tiempo, aproximadamente doce años, siento la necesidad de escribir y narrar cuánto padecí sin merecerme lo que me sucedió.

Afortunadamente, guardo los buenos recuerdos acontecidos en Madrid, y no los no tan gratos, pero en estos momentos estoy haciendo memoria para ello, para así poderlo contar.

Continuaré por decir que había algo especial entre esa chica y yo. Y por ello, siempre que se podía, quedábamos, y he de decir que lo pasábamos muy bien. Hasta que sucedió este malentendido. Porque se puede considerar, para mi entender, un gran malentendido. Yo siempre he sido una persona integra, pero albergaba dolor en mi alma por no desarrollar en mi niñez una relación afectiva con mis padres. Y por ello iba coja y ciega, llena de tristeza y preocupación, tal y como hice constar en *La casa mágica*. Así que no solo se me denunció, si no que me desequilibré mentalmente, y hasta perdí mi trabajo, y, como no iba a decirlo, mi bonita amistad. Y se preguntarán por qué hablo así de esa persona que me hizo conocer la derrota, después de todo. Pues porque, como he comentado anteriormente, soy de opinar de que no estábamos al mismo nivel y no la supe ayudar mejor, ni ayudarme a sí mismas aún menos. Si se tratara de momentos actuales, lo abordaría de otra forma, como digo, de manera más madura.

Precisamente, cuando tuve que ir a declarar, se me informó de que tan solo tenía media hora para ello y de que, si me excedía en tiempo, habría de pasar la noche en un calabozo. A lo que me tuve que resignar porque sucedió que utilicé y me fueron necesarios más de treinta minutos. Y sí quisiera añadir que mi versión de los hechos y mis buenas intenciones me hicieron una vez más de buen grado ayudar a esa persona tan especial, que me pidió ayuda. Por ello dije la verdad verdadera. Siempre lo hice, y llegado el día del juicio también fui con la verdad. Pensé que la sinceridad lograría ayudarme y ayudar. Además, yo siempre he sido legal, y no miento, no me gusta.

Y así fue, el tribunal, dictó: «ABSUELTA». Y menos mal, porque se pedían para mí dos años de cárcel, pero, como no tenía antecedentes y era inocente, la SENTENCIA RESULTO SER DE ABSOLUCIÓN. Aprovecho para darle las gracias a Dios por el descanso de alma que me proporcionó. Tuvo que pasar mucho tiempo hasta llegada la fecha del juicio, y hasta ese momento el miedo embargaba cada parte de mi cuerpo cada día de mi vida. Gracias, Dios mío, otra vez, y nunca me cansaré de darte gracias. He de decir que mis padres se han mantenido distantes en cuanto a sentimientos para con los hijos e hijas, y por ello yo valoraba tanto cualquier vestigio de cariño. Creo que con esto lo explico todo. Mentes antiguas. Y con ello demuestro que las creencias de las personas pueden alcanzar a transcender mucho también en nuestras vidas, de muchas formas, en este caso de manera muy fulminante. Como también, incluso, la influencia de terceras personas en otras que son más vulnerables y son presa fácil para dejarse llevar y convencer por comentarios recibidos.

Sucedió así: tomé un taxi hasta Elche y me desplacé hasta donde hoy por hoy transcurren mis días, a la comunidad Valenciana. Pero no sin antes ir corriendo desde Pinto a Madrid, más de veinte kilómetros, sin tomar avituallamiento. Y claro, llegué deshidratada y desvanecida. Por suerte, un policía local me vio en el estado en el que me encontraba y me preguntó si quería que llamara al SAMUR, a lo que accedí con un sí. Pronto me trasladaron al Hospital de la Paz, pero, como no me pertenecía, me trasladaron al hospital de Getafe. Yo pensaba que alguien me hablaba y tenía que hacer penitencia por mi error (al enviar aquel mensaje). En pocas palabras, pensaba que me hablaban desde el más allá y, claro, por lo tanto, empecé a oír voces dentro de mí, y es por ello por lo que hice esa carrera y tantas otras que mi cabeza me indicaba. He de especificar que siempre el daño era ocasionado hacia mi persona, pues, como ya he explicado anteriormente, era una penitencia. Así lo interpretó mi mente, tras recibir ese susto, debido a la llamada telefónica del juzgado. Yo no paraba de rezar, pues una parte de mi era consciente, y en casa por la noche rezaba para poder así eliminar de mi mente ese ser del más allá que me hacía hacerme daño y atentaba contra mi vida, exponiéndome continuamente al peligro. Recuerdo tantas cosas de las que he sido víctima de mí misma y a altas horas de la madrugada, y de los sitios por donde he caminado, como, por ejemplo, arcenes de autovías solitarias, y también por el medio de la carretera, que me sobrecojo yo misma de conocer el peligro al que he estado expuesta, y sin conocerlo nadie.

Aun así, logre que me dieran el alta en el Hospital de Getafe, y así pude viajar a Elche. Fue lo mejor que pude haber decidido después de todo ese calvario. Doy gracias a Dios de que hoy por hoy estoy viva y estupendamente feliz. Pero allí, en Madrid, no acabó mi pesadilla, si se puede definir así, si no que pronto mi familia, en Elche, se dio cuenta de mi comportamiento anómalo y rápidamente me llevaron al Hospital General de Elche, y allí sí acabó mi tortura, dando solución a mi problema psíquico, después de haber estado ingresada por período de un mes en salud mental.

Una vez dada de alta en el Hospital General de Elche, me encontré con el inconveniente de que mi empresa actual había llamado mientras estaba ingresada para dejar constancia de que estaba faltando al trabajo. La persona que les atendió no supo decir que estaba enferma y, por consiguiente, pedir también mi baja laboral, para así seguir percibiendo e incluso incorporarme al empleo que estaba desempeñando en esa empresa de seguridad cuando me hubiera recuperado. Lo cual me hizo, si permiten la expresión, POLVO, ya que no podía seguir atendiendo mis pagos y ni siquiera subsistir. Además, conllevó tener que recibir dinero de mis padres, dinero que todavía no he devuelto, aunque, según ellos, no he de hacerlo porque se trataba de ayudar a un familiar. Además, si se le añade que se dejaron llevar por la ignorancia, al no informar y solicitar a mi empresa todo cuanto a acontecía y era necesario para mi continuidad económica. Pues... Aunque, de todas formas, siempre ha estado presente en mí devolverlo. Siempre y cuándo pueda, claro. Pero es de agradecer el esfuerzo de toda mi familia desde 2009 a 2011, fecha en la que encontré un trabajo, y en la Comunidad de Madrid, precisamente por el tema más que nada referente a mi experiencia profesional. He de decir que primeramente busqué y busqué en la provincia de Alicante durante largo tiempo, pero no encontré ninguna oferta. Quizás porque no había tanta demanda o también porque mi experiencia profesional estaba ubicada en otra comunidad autónoma, Madrid.

Así que me tocó desplazarme al pueblo de Velilla de San Antonio para trabajar durante los tres meses de verano del año 2011, algo que me hizo muy feliz. También quiero añadir que me influyó un sentimiento que habitaba en mi interior, un sentimiento muy profundo hacia Madrid, y por ello quería conseguir volver. Todo es comprensible si le añadimos que me marché de Madrid de forma inesperada y urgente, aparte de que mis buenos recuerdos de mis experiencias vividas allí siempre me acompañaban y no quería que acabasen, sino recuperarlos. Era de suponer. Fui tan feliz en Madrid. Todos los sueños profesionales y, prácticamente, personales los cumplí allí. Hasta que hicieron caer mi torre, construida por mí. Yo era águila y me convirtieron en gaviota.

Continuando con mi experiencia en Madrid, hay que decir que trabajé y de manera exitosa como monitora de natación y socorrista acuático para la piscina municipal de Velilla de San Antonio, que me contrató para el periodo estival, los meses de verano: junio, julio y agosto de 2011. He de decir que fue todo un milagro, si tenemos en cuenta todo lo acontecido en mi vida últimamente, recuperar mi vida, en todos los sentidos, no solo profesional, sino también personal, en Madrid. Todo un sueño más hecho realidad. Pero no transcurrió mi estancia en mi casa de Pinto (que era mi vivienda habitual cuando yo vivía en la comunidad de Madrid, desde el año 2000, cuando compré la casa de Pinto conjuntamente, al año 2009, cuando la abandoné), a la que iba de vez en cuando de visita, una vez instalada nuevamente en la Comunidad de Madrid, ya que se encontraba muy lejos de mi puesto de trabajo. Y es por ello que conviví con una familia que me acogió en Velilla de San

Antonio. Quiero añadir que siempre contribuí generosamente con mis gastos en el hogar. Quería matizarlo, ya que fue para mí un orgullo, pues siempre me ha encantado ser una persona autosuficiente. Allí, como cuento, me acogió una familia con la que contacté primeramente desde Elche, chateando, mediante un portátil de una amiga, que conocí al poco tiempo de llegar a aquella ciudad y la que estoy muy agradecida. Así conocí a la familia que me acogió, y por eso logré desplazarme a esta población de Madrid y pude buscar más personalmente y encontrar con más seguridad un puesto de trabajo.

Y he de decir que lo conseguí, hice mi proyecto realidad, un sueño más, volver a trabajar, y en Madrid, y de manera satisfactoria después de varios años, y ¡qué años! Nos felicitaron por el trabajo bien desempeñado a mis compañeros y a mí. Tanto la empresa como personalidades del ayuntamiento de Velilla de San Antonio, e incluso se celebraron como despedida unas competiciones y juegos en piscina como cierre de los cursos de verano y de la temporada de piscina, e incluso recibimos obsequios. He de decir que se me ofreció continuar trabajando como monitora de ocio y tiempo libre para la época de invierno, para todo el año, pues mi jefe estaba muy satisfecho con las funciones que había desempeñado como socorrista acuático y monitora de natación. Pero ocurrió que la familia que me acogió se quería desplazar con el tiempo a vivir a otra comunidad, por lo que yo me debía quedar sola viviendo en Pinto, algo que no gustó mucho a mi familia. Agradezco desde aquí que se esperaran a que concluyera mi contrato de trabajo para irse, y también, claro está, su hospitalidad.

Pronto recibiría sobreprotección familiar. Yo, una persona que había estado acostumbrada a volar en libertad. Y aquello no me terminaba de convencer, pero era de suponer tras mis experiencias emocionales padecidas en Madrid en el año 2009. Tan solo tengo que recordar que no se me autorizó a viajar a Madrid hasta pasados siete meses de mi llegada a la ciudad de Elche en 2009. Aunque pude hacerlo realidad porque se ofreció a ayudarme mi hermana la mayor, a la que le doy gracias por su apoyo, ya que me marché de Madrid de aquella manera tan especial por la situación tan delicada que acontecía en aquel momento, influida por mi estado y situación emocional, lo cual hizo que yo siempre viviera con el deseo de querer volver a mi casa de Pinto.

Quiero añadir que, cuando me dieron el alta médica en el hospital de Elche, creo recordar que el equipo de médicos que llevaba mi evolución, con el que me encontré muy respaldada, determinó que yo podía desempeñar un trabajo, pero, de forma recomendable, lo más lejos posible, pero en Valencia, no en Madrid, por el tema de estar más próxima a mi familia. Decisión que influyó mucho en mis semejantes a la hora de determinar la situación actual en mi vida. Todavía más si le añadimos que el médico psiquiatra se lo recomendó a mi madre, según su opinión personal en aquel momento, como jefe de salud mental del hospital de Elche, y le transmitió la siguiente expresión: «Cristina nunca levantará cabeza, solicítela una pensión». Y eso a pesar de recibir mi diagnostico en conjunto del equipo de médicos que me trataba en el hospital de Elche, que me veían óptima para todo. Tan solo debía mantener un seguimiento médico, una vez recibida mi alta por salud mental y psiquiatría. Aunque nunca estuve conforme, porque no solo logré recuperarme en todos los aspectos, sino que también he logrado trabajar en varios empleos. Pero de esta situación y de este facultativo hablaré mucho más en adelante, ya que me ha ido generando todavía aún más circunstancias nada beneficiosas para mi evolución e integración en la vida, en conjunto, como también influyó su opinión de manera determinante en la actitud de mis familiares para conmigo.

DESEO ENFATIZAR Y PLASMAR QUE MI TESÓN Y CAPACIDAD DE LUCHA ES Y HA SIDO INCESANTE,

Y ES POR ELLO POR LO QUE DEJO PLASMADA MI OBRA, PARA QUE TODA PERSONA QUE LEA ESTE MANUSCRITO SEPA QUE DE TODO SE SALE Y QUE TODO TIENE SU LADO POSITIVO. COMO EJEMPLO, MI LUCHA Y MI CAPACIDAD DE SUPERACIÓN, IN-CANSABLE E INAGOTABLE, A LA HORA DE BUSCAR INCESANTEMENTE LO MEJOR DE MÍ Y PARA MÍ.

Siempre escribo de manera productiva, por si sirve de ejemplo para otros casos de características parecidas o similares, para contribuir a formar un mundo mejor, desde el corazón y siempre con las mejores intenciones. Como también enfatizaré siempre que mi motor ha sido y será la fe. Soy de opinar que, opinen lo que opinen los médicos, en cuestión de opinión personal y no de diagnóstico, la última palabra siempre reside en una misma, pues también se pueden confundir. Además, no se trataba de una resolución final de mi equipo de médicos, que me venían realizando un seguimiento, sino de una opinión personal, en este caso, la de un médico psiquiatra. Hay que tener en cuenta muchas circunstancias, y no solo la opinión de una persona, aunque ella sea experta en su materia, pero no en cuestiones personales. Pues nunca puede saberse cómo va a reaccionar la madre naturaleza sobre las personas. En este caso, claro está, al médico que opinó sobre mí y que, como diagnóstico, dijo que yo nunca iba a levantar cabeza, es decir, que nunca me recuperaría mental y emocionalmente, mostró simplemente su opinión textual.

Pero, la mejor prueba de que se equivocaba, de que estoy bien, es que aquí estoy, escribiendo mi manuscrito, mi segundo libro, y si es así es porque una parte de mí siempre ha sido consciente. Y por ello, ahora puedo narrar y recordar después de tanto tiempo.

Desde aquí, y ahora, quiero agradecer a mis familiares todo cuanto hicieron por mí, tras todo lo que sucedió a partir de ese momento, todo lo que determinó la opinión personal del médico psiquiatra a la hora de actuar mi familia para conmigo. Como también pude constatar que, a pesar de que estuviera empadronada en la ciudad de Madrid por un periodo de quince años —o sea, yo era madrileña—, me hospitalizaron en el Hospital General de Elche, evitando así mi traslado a la Comunidad de Madrid, que era el lugar que me correspondía. En esto, de nuevo, se excedió el médico en sus limitaciones.

Y como he mencionado, hoy por hoy, todavía sigue generando esto en mi vida más dificultades, como no accediendo a mi petición de cambio de médico especialista y de centro médico, cuando es una gestión fácil y rápida. De hecho, está en estudio. Y he de recibir contestación a mi solicitud a través de atención al paciente perteneciente del Hospital General de Elche. Espero tener respuesta y positiva, según un email que recibí informándome de que en un mes me contestarían, en concreto, para primeros de abril, aproximadamente el dos abril, que fue cuando presenté mi solicitud de cambio de especialista (psiquiatra) y centro médico, dirigiendo un escrito al jefe de psiquiatría y exponiendo el motivo.

Aprovecho para especificar que la causa que expuse para el cambio de médico y centro médico es la que expongo a continuación: que hay médicos que en lugar de beneficiarte, sucede que lo contrario y te perjudican. Soy de opinar que cada paciente es un caso y que deberían orientar a los pacientes hacia su evolución única y exclusiva, y no medirnos a todas y todos por el mismo rasero personal y laboral, en sentido general, siempre teniendo en cuenta las circunstancias de cada paciente y persona. Porque al fin y al cabo somos personas que necesitamos apoyo enfocado hacia, como he dicho, la evolución, dependiendo de todo, pero también teniendo en cuenta nuestras actitudes.

Y si añado todo este tipo de datos es para dejar constancia de cómo influye la decisión de mi médico en mi evolución, como podrán comprobar, para nada beneficiosa, si añadimos que también este médico en concreto determinó que yo, sin mi pensión, no tendría la posibilidad de abrirme camino en la vida. Opinión equivocada, ya que he logrado un contrato como autora de la obra *La casa mágica*, y con ello pude lograr publicar mi primer libro; además de mi ya expuesta trayectoria profesional, y la que me queda. Pero con ello continuaré más adelante, que es de lo que se trata este manuscrito, de mi trayectoria y evolución personal y profesional a lo largo de mi vida.

Debe tenerse en cuenta, partiendo de mi situación actual, que es mucho más difícil integrarse. Pero no desistiré en ello y seguiré intentándolo.

Por otro lado, esta la actitud de la doctora, a la que se olvidó recetarme la medicación para mí diagnóstico, según el médico del Raval (mi primer médico, que me pasaría consulta, tras el alta hospitalaria). La consecuente circunstancia dio lugar a que me desestabilizara, lo que provocó mi segundo brote psicótico —hablamos del año dos mil dieciocho, en sus últimos meses—, exponiendo nuevamente mi salud mental y emocional. Las consecuencias que me conllevó ello fueron graves, pues pronto, para curarse en salud, como se suele decir en términos coloquiales, se me acusó de que fui yo quien hizo que se me olvidara tomar la medicación. Por consiguiente desde ese momento se decidió que ere mejor suministrarme un inyectable, en lugar de medicación por vía oral, como siempre había sido, desde el año dos mil nueve hasta el año dos mil dieciocho. Pero todavía estoy pendiente de que se resuelva esto, porque al afincarme en Santa Pola me asignaron nuevamente al médico que tantas equivocaciones había originado con su opinión en mi familia, mi primer médico, del que fui paciente en el hospital de Elche, el que pedí que me cambiaran. Así que aproveché para pedir, aparte del cambio de médico y de centro, que se sustituyera el inyectable que me suministraban por mi medicación habitual, suministrada por vía oral, como siempre había sido. Esta era más beneficiosa, pues no deformaba mi cuerpo, hinchándolo, como sí hace la medicación que recibo ahora. Pero el médico actual se muestra reticente a tener en cuenta mi solicitud. He de decir que confío en que todo se solucione.

Estoy dispuesta a olvidar todo y pasar página a cambio de una mejora en cuanto a recibir tratamiento y asistencia.

Les pongo en antecedentes, volviendo a mi situación económica. Ese sería un episodio más de mi vida, que me sirvió, una vez concluido mi contrato de trabajo, y tras retornar a la ciudad de Elche para cobrar el paro y solicitar una pensión contributiva por los quince años cotizados.

Requisito indispensable para poder solicitar la pensión contributiva era no haber trascurrido, creo recordar, más de dos meses desde el último contrato de trabajo. Y eso es hoy por hoy lo que me mantiene económicamente, pues se me concedió. Logré así mejorar y sanear mi vida económica.

Aunque ahora cuento con mi contrato de autora de *La casa mágica*, desde el 30 de julio de 2021, fecha en la que se publicó. Y pienso que, a medida que se vaya conociendo la obra, me irá generando más ventas, y más alegrías, aunque, para alegría, la de poder seguir publicando muchos más libros.

Pero hoy por hoy sigo siendo en busca de integrarme en la vida laboral aún más. No sin antes decir que logré en el año dos mil veintiuno volver a trabajar en seguridad privada. Conseguí cumplir otro objetivo más, pero ya en la ciudad de Elche. Aunque tan solo fuera para el día cinco de enero, para un servicio determinado, custodiar la cabalgata de reyes magos de Elche durante cuatro horas, pues se me avisó de que era para ese servicio únicamente. Y he de añadir, que también concluí satisfactoriamente mi cometido. Total, que estoy desplazada de Madrid desde dos mil nueve, ciudad a la que solo he viajado puntualmente, pero que nunca conseguí volver a vivir allí, algo a lo que me he resignado y que he aceptado, pero siempre teniendo presente un motivo primordial: encontrar un trabajo y un lugar definitivo en donde vivir.

Me gustaría tener buen concepto y poder que conté con el apoyo y quedé satisfecha con mi primer médico, el actual, pero desafortunadamente no ha podido ser —me refiero al, en aquel entonces, jefe de psiquiatría del Hospital General, cuando estuve hospitalizada—. Es por ello que sigo mi andadura y mi lucha, con mi afán de superación. Me mantienen ocupada en ello, en buscad de libertad en todos los sentidos de la vida.

Pero mientras tanto, gracias a la editorial Exlibric, la cual me brinda la opción de publicar, vivo y respiro en libertad. Muchas gracias, Exlibric. Un placer trabajar junto a tan gran editorial.

Bueno, atención al paciente, ha desestimado la opción de poder cambiar de médico especialista, alegando que mi actual psiquiatra ha escrito y enviado un informe a atención al paciente, en concreto al jefe del servicio de psiquiatría del Hospital General de Elche, cuyo contenido desconozco; pero que, con este, impide que se realice el cambio. Quiero añadir que fin de la cuestión, y he de decir que esto es ¡tremendo!

Índice